알잖아!
전쟁이 왜 일어나면 안 되는지

글 백은하 | 그림 이한울

전쟁은 무수한 희생자와
말할 수 없는 고통을 남겨요

　지금 이 시간에도 여전히 전쟁이 끝나지 않은 나라들이 있지요. 이스라엘과 팔레스타인 무장 정파 하마스 사이에 무력 충돌이 이어지고 있고, 우크라이나와 러시아 사이의 전쟁도 끝나지 않았어요. 전쟁으로 수천 명의 사망자가 생겼고, 수많은 사람들이 집을 잃거나 빈손에 처하는 등 남은 상처는 말로 표현하기 힘들 정도예요.

　이 이야기를 쓰면서 온갖 전쟁 자료들과 정보들을 찾아보았어요. 전쟁기념관과 임진각도 다녀왔지요. 전쟁에 대해 알면 알수록 너무나도 끔찍하고 무섭고 공포스럽다는 걸 느꼈어요. 가장 잊혀지지 않는 사진 한 장이 있어요.

　영국 런던에서 활동 중인 팔레스타인 가자지구 출신 저널리스트 아흐메드 알나우크가 4년 전 고향에서 조카들과 해맑게 활짝 웃으면서 손을 흔들며 찍었던 사진이에요. 그런데 이제는 그 예쁜

조카들을 더 이상 볼 수 없다고 해요. 이스라엘 공습으로 아버지와 형제자매, 14명의 조카 등 모두 21명의 일가친척을 한꺼번에 잃고 말았기 때문이에요. 일가족이 몰살당하는 참상은 가자지구에서는 어디서나 일어나는 흔한 일이 되어 버렸어요.

이처럼 전쟁에서 가장 피해를 보는 건 아이들이에요. 우리나라도 이미 6·25 전쟁이라는 참혹한 역사를 겪었어요. 여전히 군사분계선이 남아 있고, 만나지 못한 이산가족도 많지요. 그렇다면 우리 친구들은 전쟁에 대해 어떻게 생각해야 할까요?

이 책은 전쟁이 얼마나 끔찍한지, 핵무기가 얼마나 심각하고 무서운지, 아이들 스스로 전쟁이라는 말을 왜 쉽게 하면 안 되는지에 대해 알려 주고 있어요. 전쟁을 반대하는 쌍둥이 남매와 친구들의 생각을 통해 어린이 여러분도 전쟁이 얼마나 심각한지 생각해 보는 기회가 될 수 있을 거예요.

백은하

차례

★ 우리 함께 평화로운 지구에서 살아요!

등장인물

나세미

초등학교 5학년인 세미는 재원이보다
1분 먼저 태어나 누나가 되었다.
열정이 넘치고 모든 일에 흥분을 잘한다.
일을 잘 벌이지만 꼼꼼하지 않아
쌍둥이 동생 재원이에게 자주 잔소리를
듣는다. 하지만 동생을 위해
바퀴벌레도 잡아 주는 씩씩한 누나다.

나재원

1분 늦게 태어나 동생이 된 것에 불만이 많다.
하지만 누나 세미가 벌여 놓은 일에
늘 적극적으로 동참한다.
책을 좋아하고, 편식을 하다 보니
마르고 은근히 겁이 많다.

나잘나

아빠 나잘나 박사는 환경 관련 연구를
주로 하는 공학 박사다.
지구가 오염되는 게 늘 걱정인 아빠의
머릿속에는 엉뚱한 발명품으로 가득 차 있다.
쌍둥이를 누구보다 사랑해서 아이들에게
잘해 주고 싶은 의욕이 과한 것과
요리를 좋아하지만 맛은 없다는 게 단점이다.

차분해

엄마 차분해 여사는 초등학교 선생님이다.
엉뚱한 아빠와 쌍둥이를 키우느라
어지간한 일에는 놀라지 않는 강심장이 되었다.
무슨 일이 생기면 어디선가 나타나 깔끔하게
정리해 주는 든든한 쌍둥이 가족의 해결사다.

1 남는 방을 누가 쓸 것인가?

일요일 오전, 나잘나 박사는 서재에서 뭘 하는지 꼼짝도 하지 않았다. 궁금해진 쌍둥이는 조심스럽게 방문을 열고 들어갔다.

"아빠, 뭐 해?"

"책들은 왜 정리하는 거야?"

나잘나 박사는 서재에 빼곡히 꽂혀 있던 수많은 책과 연구 논문 등을 이사하는 날처럼 꼼꼼하게 포장하고 있었다. 쌍둥이는 그런 나잘나 박사의 모습이 낯설었다.

"아빠가 쓰던 자료들을 연구소로 옮기려고 해. 연구소에서 따로 자료실을 만들어 준다고 해서."

나잘나 박사의 말에 세미가 갑자기 환호성을 질렀다.

"앗싸, 그럼 우리 집에 방이 하나 남는 거네."

"그렇긴 한데…."

나잘나 박사의 말을 끝까지 듣지도 않고, 쌍둥이는 서로 쳐다보며 눈빛을 반짝였다. 이럴 때만큼 찰떡궁합이 따로 없다. 세미가 재원이를 한 번 쳐다보고는 나잘나 박사에게 말했다.

"아빠, 그럼 이 방 게임방으로 만들자. 어때?"

세미의 말에 재원이도 얼굴이 환해졌다.

"와, 생각만 해도 너무 좋아."

기대감이 잔뜩 묻은 세미와 재원이의 얼굴에 웃음꽃이 피었다.

세미가 나잘나 박사를 향해 방긋 웃으며 물었다.

"아빠, 우리가 이 방을 써도….."

세미의 말이 끝나기도 전에 차분해 여사의 목소리가 들렸다.

손에는 옷들이 한가득 들려 있었다.

"이 방은 우리 가족 드레스 룸으로 쓸 거야. 식구가 네 명인데,

취향이 제각각이라 사계절 옷들이 넘쳐난단다.

이 방의 용도는 이미 정해졌으니까,

다른 의견은 받지 않겠어."

세미와 재원이는 실망하며 누가 먼저랄 것도 없이 불만을 쏟아 냈다.

"엄마, 드레스 룸으로 쓰기엔 너무 아까운 공간이지. 이 방은 컴퓨터 방이 딱이야."

"누나 말이 맞아. 우리 집은 컴퓨터가 두 대에 노트북도 두 대 나 되니까, 한곳에 두고 게임도 하면서, 영화도 보는 우리 집 휴 식 공간으로 만드는 거야. 엄마 아빠도 함께 쓰고 좋잖아."

그러자 차분해 여사가 단호한 목소리로 말했다.

"이미 아빠랑도 이야기 끝난 거야. 컴퓨터는 거실에 두면 되고, 노트북은 엄마 아빠가 가지고 다니는 거니까 굳이 방이 필요 없어. 무엇보다 방 하나를 게임방으로 만들 수는 없어."

세미가 발끈해서 소리쳤다.

"엄마, 우리 의견은 묻지도 않고, 먼저 옷을 갖다 두면서 점령하는 건 반칙이야. 그럼 우리도 키보드랑 마우스 갖다 두고 점령하면 되겠네. 이러면 전쟁이지!"

차분해 여사도 지지 않았다.

"반칙? 엄마는 살면서 반칙을 해 본 적이 없는 사람이야. 너희들 각자 방이 있잖아. 더는 욕심이야!"

세미는 답답해서 가슴을 치는 시늉까지 냈다. 재원이도 뾰로통한 표정이다. 옆에서 듣고만 있던 나잘나 박사가 나섰다.

"잠깐, 방 하나를 두고 가족끼리 싸우면서 점령이니 전쟁이니 그런 무서운 표현까지 쓰는 건 아니지 않아?"

"아이들하고 의견이 맞지 않으니 어쩔 수 없잖아요. 당신은 누구 편이에요?"

차분해 여사가 화가 잔뜩 묻은 목소리로 물었다. 세미와 재원이도 나잘나 박사에게 다가와 양쪽에서 팔짱까지 끼며 물었다.

"아빠, 아빠는 누구 편이야? 아빠도 컴퓨터 많이 쓰잖아."

"아빠는 우리 편이 되어 줘야지. 우리랑 게임도 많이 하잖아. 겨우 옷 따위에게 방을 빼앗길 수는 없다고."

차분해 여사와 쌍둥이의 편 가르기에 나잘나 박사가 나섰다.

"다들 그만, 가족끼리 누구 편이 어디 있어? 서로 의견이 좁혀지지 않으면, 이 방은 다시 내가 쓸 거야."

나잘나 박사의 강력한 목소리에, 세미와 재원이가 급하게 손사래를 치며 한마디씩 했다.

"아빠, 그러는 게 어디 있어? 그건 독재야."

"아빠, 집안의 가장이 그렇게 하면 안 되잖아. 이런 문제일수록 민주적으로 해결해야지."

옆에서 차분해 여사도 한마디 거들었다.

"여보, 그동안은 당신 서재로 사용했으니까, 이제는 가족을 위해 애쓴 내가 쓰는 게 맞지 않을까요?"

차분해 여사의 말이 끝나자마자 세미가 큰소리로 말했다.

"엄마, 그건 아니지. 엄마 마음대로 하는 게 어디 있어?"

차분해 여사도 결코 물러서지 않았다.

"이번만큼은 나도 양보 못 해. 당신은 어떻했으면 좋겠어요?"

나잘나 박사는 난처한 표정을 지었다.

"아, 난 모르겠어요. 중립을 지킬 거예요. 다시 말하는데 난 누구의 편도 아니에요. 방 하나를 갖기 위해 가족끼리 마치 영토 전쟁을 하는 것 같아 보기가 불편하네요."

결국 세미가 눈에 힘을 팍 주며 재원이를 향해 말했다.

"이제부터 방을 갖기 위한 전쟁이야. 우리는 천하무적 쌍둥이잖아. 너도 나랑 같은 생각이지?"

세계 곳곳의 주요 분쟁 지역들

우크라이나 (전쟁)
가자지구 (전쟁)
시리아 (내전)
리비아 (내전)
수단 (내전)
에티오피아 (내전)
콩고민주공화국 (내전)
미얀마 (내전)
아이티 (내전)

세계 곳곳이 전쟁터네.

전쟁터에 사는 사람들은 얼마나 불안하고 무서울까?

나잘나 박사의 한마디

전쟁은 서로 다른 국가, 집단 또는 조직이 각자의 목표나 이익을 위해 군사적인 힘을 사용해 싸우는 상태를 말하는 거란다. 전쟁은 큰 피해와 희생을 가져오며, 세계 평화와 안정을 위협하는 심각한 상황이지. 전쟁은 많은 사람들에게 슬프고 위험한 일이야. 그래서 사람들은 전쟁을 피하고 평화롭게 문제를 해결하려고 노력해야 한단다.

하지만 재원이의 머릿속은 좀 복잡해졌다. 게임방이 생긴다는 말에 순간적으로는 한껏 들떴지만, 막상 차분해 여사의 말을 듣다 보니 마음이 달라졌기 때문이다. 더구나 차분해 여사를 상대로 '전쟁'이라는 무서운 말은 쓰고 싶지 않았다. 그렇다고 당장 누나 세미의 말에 반대할 수도 없어 한숨을 푹 내쉬며 얼버무리듯이 대답했다.

"응, 뭐 알았어."

하지만 정작 하고 싶은 말은 속으로 삼켰다.

'난 엄마랑 전쟁까지 하고 싶지는 않아. 그깟 방 때문에 엄마랑 싸우기까지 해야 하는 거야?'

2 전쟁이란 말, 쉽게 하지 말자고!

"얘들아, 일단 금강산도 식후경이라는데, 간식이라도 먹고 얘기하는 건 어떠니?"

차분해 여사의 눈치를 살피던 나잘나 박사가 이 순간을 얼렁뚱땅 넘어가기 위해 배가 고프다는 핑계를 댄 것이다. 마침 쌍둥이의 배에서도 꼬르륵 소리가 났다. 차분해 여사 역시 잠시 휴식 시간을 갖는 데 찬성했다.

나잘나 박사가 서둘러 간단한 프렌치토스트를 만들었다. 토스트를 먹으며 세미가 나잘나 박사를 향해 말했다.

"아빠, 아직 결정된 거 아니니까 먹고 다시 이야기해."

재원이는 차분해 여사와 누나 틈에서 눈치가 보였다.

'어쩌지, 난 누구 편을 들어야 하는 거야?'

토스트를 다 먹은 나잘나 박사가 자리에서 일어났다. 그러고는 어슬렁어슬렁 소파 앞으로 다가가더니 텔레비전을 켰다. 마침 뉴스 속보가 흘러나왔다. 나잘나 박사가 서둘러 뉴스 소리를 높이며 말했다.

"잠깐만, 집중! 조용히 하고 뉴스 좀 들어 보자."

이스라엘과 팔레스타인의 전쟁으로 대피령이 내려졌다는 속보 뉴스였다. 앵커와 기자의 목소리에서도 위험한 상황이라는 게 전해졌다. 화면 속에는 마을 전체가 불타고 있었고, 탱크 여러 대가 이동하는 모습과 포격을 가한 후 도시 외곽 주변이 폭발하는 모습도 보였다. 뉴스를 보던 재원이가 무서워 눈을 질끈 감으며 말했다.

"으악, 폭발하는 것 좀 봐. 전쟁을 도대체 왜 하는 거야?"

그러자 옆에서 세미가 심드렁하게 말했다.

"전쟁을 왜 하긴? 전쟁을 해서라도 꼭 가져야 할 게 있는 모양이지."

세미의 머릿속에서는 여전히 컴퓨터 방으로 결론 내지 못한 것만 뱅뱅 돌았다. 나잘나 박사가 그런 쌍둥이를 보며 말했다.

"한 부모에게서 나온 쌍둥이인데, 둘의 생각이 정말 다른 걸 보니 많은 생각이 드는구나. 그런데 잘못 생각하는 게 있단다."

이번에는 재원이가 먼저 나서서 말했다.

"아빠, 누나가 잘못 생각하는 거지, 맞지?"

"야, 나재원? 내가 잘못이라고? 네가 뭘 안다고 그러냐?"

세미의 말에 재원이도 뒤로 물러서지 않고 대꾸했다.

"무조건 전쟁을 한다고 해결이 될 것 같아?"

결국 쌍둥이는 또다시 말꼬리를 물고 다투었다. 그러자 차분해 여사가 쌍둥이들을 말리며 말했다.

"얘들아, 전쟁은 인간이 경험할 수 있는 가장 나쁜 일이야. 어떤 이유로든, 어떤 상황이든 전쟁이 필요하다고 얘기하면 안 되는 거야."

차분해 여사의 말에 재원이가 세미를 향해 혀를 쏙 내밀며 놀려댔다. 결국 세미가 재원이의 등짝을 한 대 때리고 말았다.

"아얏! 뭐야! 말로 안 되니까 이젠 폭력을 쓰는 거야?"

"네가 먼저 약 올렸잖아."

"얘들아, 전쟁이 났다는 뉴스를 보면서도 싸우고 싶니?"

차분해 여사의 말에 세미가 진지하게 물었다.

"엄마, 전쟁이 필요하다고 생각하면 안 되는 거야? 내가 잘못 생각한 거야?"

곁에 있던 나잘나 박사가 대답했다.

"전쟁은 사람의 목숨을 앗아가고, 우리가 살아가던 곳을 순식간에 폐허로 만들지. 더군다나 전쟁이 길어지면 병원, 학교, 도로 등이 모두 부서져서 사회가 제대로 돌아가지 않는단다."

"사실 나도 화가 나서 말이 먼저 툭 튀어나왔던 거야. 전쟁이 필요하다고 생각하지는 않아. 아빠 말을 듣고 보니 말이라도 하면 안 되는 거였네. 내가 잘못했어."

세미가 시원하게 자신의 잘못을 인정했다. 그러자 나잘나 박사가 말을 이었다.

"전쟁은 살아서 겪는 지옥이라고 비유하기도 한단다."

"그런 지옥 같은 전쟁을 왜 하는 거야?"

이번엔 재원이가 진지하게 물었다.

"어쩔 수 없다면 전쟁을 해도 된다고 생각하는 사람들이 있단다. 싸움을 해서라도 내 것으로 만들어야 하는 사람들, 많은 사람이 피해를 봐도 내 이익만 더 중요한 사람들. 그런 사람들, 그런 나라들이지."

나잘나 박사의 말에 차분해 여사가 고개를 끄덕이며 말했다.

 "전쟁으로 큰 이득을 얻는 사람들도 전쟁을 바라지. 바로 무기를 만드는 사람들이야. 그들은 전쟁이 나면 더 많은 무기를 팔아서 큰 이득을 챙긴단다. 새로 만든 무기를 시험할 수도 있지."

 세미가 흥분한 듯 주먹을 꽉 쥐고 물었다.

 "새로 만든 무기를 시험하기 위해 전쟁을 원한다고?"

 "옛날에는 전쟁터에서 무기를 가지고 직접 싸우는 병사들이 주로 목숨을 잃거나 부상을 입었지. 그래서 보통 전선에서 싸우는 군인들이 가장 위험하다고 생각했단다. 그런데 지금은 어떨까?"

 나잘나 박사의 물음에 재원이가 먼저 대답했다.

 "방금 뉴스에서 민간인들이 위험하다고 했잖아."

 "맞아. 군인만큼 민간인들이 죽거나 다치는 경우가 너무나 많아졌지. 성능 좋은 무기를 가진 힘이 센 나라나 무장 집단이 전투기나 미사일로 무차별 공격을 하기 때문이란다."

 나잘나 박사의 말에 재원이가 가족들에게 생각을 전했다.

 "난 방 하나 때문에 가족들과 전쟁하고 싶지 않아."

 "동생아, 내가 미안. 이제 됐지? 전쟁이라는 말을 쉽게 한 건 인정."

 세미가 재원이를 향해 눈을 흘기며 대꾸했다.

3
그래, 가족 공동 구역으로 정했어!

"엄마 마음대로 드레스 룸으로 쓰겠다고 한 점은 사과할게. 방마다 옷이 너무 많아서 마음이 앞서고 말았네."

차분해 여사가 쌍둥이에게 사과했다. 그 말에 나잘나 박사가 머쓱해했다.

"당신이 그렇게 사과하면 내가 더 미안하지요. 방이 하나 비게 되었으니, 어떻게 쓰면 좋겠냐고 모두에게 미리 상의하면 좋았을 텐데…."

세미와 재원이도 멋쩍은 듯 웃으며 한마디씩 했다.

"우리도 우리 멋대로 게임방으로 쓰겠다고 우긴 건 잘못이라고 생각해."

"맞아! 나는 누나가 부추기는 바람에 괜히….'

순간 세미의 눈은 재원이를 째려보았다.

"야, 넌 왜 내 핑계를 대는 거야?"

"내가 뭘? 내 말이 틀렸어?"

나잘나 박사와 차분해 여사가 동시에 아이들을 말렸다.

"얘들아, 이제 그만!"

"너희들, 싸우지 않겠다면서?"

싸움은 진정됐지만 아직 남는 방 하나를 어떻게 사용할지는 결정하지 못했다. 차분해 여사가 말했다.

"방을 어떻게 할지는 나중에 다시 이야기하는 걸로 하자. 어떻게 할지 생각 좀 해 볼게."

"네, 좋아요."

이럴 땐 쌍둥이들도 한마음이 되어 기분 좋게 대답했다. 잠시 후 거실에서 뉴스를 보던 나잘나 박사가 차분해 여사를 급히 불렀다.

"여보, 잠깐 나와 봐요. 전쟁이 아주 심각해지는 모양이에요."

차분해 여사는 물론이고, 세미와 재원이도 거실로 나왔다. 무너진 폐허 더미 속에서 울고 있는 아이들의 얼굴이 보였다. 재원이가 눈을 질끈 감으며 말했다.

"저 아이들 너무 불쌍해. 저렇게 무차별적으로 공격하면 당할 수밖에 없잖아."

세미가 주먹을 불끈 쥐며 물었다.

"아무 죄도 없는 민간인들이 죽고 다치는 건 아무도 생각하지 않나 봐. 막을 방법이 없는 거야?"

"유엔에서도 매년 민간인, 주로 여성과 어린이들의 위험이 커지는 것에 대해 우려하고 있단다. 영향력 있는 국가들과 함께 불안정한 상황을 완화하기 위해 계속 도움을 요청하고 있어."

차분해 여사의 차분한 설명에 또다시 세미가 물었다.

"이스라엘과 팔레스타인은 왜 저렇게 오랫동안 싸우는 거야?"

"음, 한 마디로 이유를 설명하기가 쉽지 않네."

차분해 여사는 잠깐 생각을 정리하더니 말했다.

"팔레스타인 지역을 둘러싼 유대인과 아랍인들의 영토 분쟁이 원인이었지."

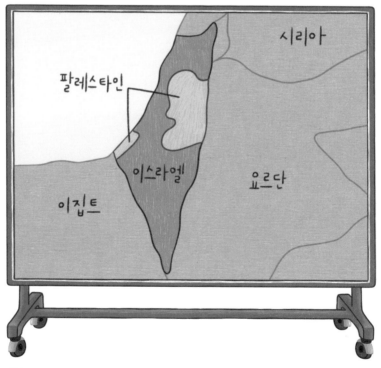

1948년	이스라엘 독립 선언, 이로 인해 아랍 국가들과 첫 전쟁.
1964년	팔레스타인 해방 기구(PLO) 출범.
1967년	이스라엘 가자지구와 서안지구 점령.
1987년	제1차 인티파다(반이스라엘 저항 운동) 발발.
2000년	제2차 인티파다 발발.
2005년	이스라엘의 가자지구 철수.
2007년	반이스라엘 조직 하마스의 가자지구 장악.
2014년	이스라엘-하마스 가자지구 분쟁.
2021년	가자지구 전쟁 발발. 수백 명의 사망자 발생.
2023년	8월 이스라엘 서안지구 난민촌 공습.
2023년	10월 하마스의 이스라엘 기습 공격. 전쟁 시작.

팔레스타인 사람들은 오랜 기간 그곳에서 살았어. 그런데 갑자기 유대인들이 나타나 이스라엘 건국을 선언한 거야. 하루아침에 땅을 빼앗긴 팔레스타인 사람들은 그 상황을 순순히 받아들일 수 없었지.

이스라엘-팔레스타인 전쟁은 그 역사가 복잡하단다. 정치적, 역사적, 사회적, 종교적 요인들이 얽혀 있지. 그 뒤로 여러 차례의 전투와 평화 협상 그리고 휴전이 이어졌단다.

엥? 그게 말이 돼? 갑자기 땅을 빼앗겼다고?

나 같아도 화가 날 것 같아.

차분해 여사의 대답에, 옆에 있던 재원이가 놀라 눈이 동그래지더니 말했다.

"역시 전쟁의 이유는 땅이었던 거네."

생각에 빠졌던 세미가 뭔가 생각난 듯 소리쳤다.

"엄마, 전쟁은 갈등에서 시작되는 것 같아. 지난번에 엄마랑 아빠도 목소리 높여 싸웠잖아."

세미의 말에 나잘나 박사와 차분해 여사는 얼굴이 발개졌다. 차분해 여사가 급하게 대꾸했다.

"세미야, 우리가 언제 싸웠다고 그래?"

"나도 기억하는데. 엄마랑 아빠가 싸워서 며칠 동안 말도 안 했잖아. 우리가 얼마나 눈치를 봤는지 알아?"

재원이도 한마디 거들었다. 세미가 나잘나 박사와 차분해 여사의 얼굴을 쓰윽 쳐다보며 말했다.

"엄마 아빠가 싸우면 우린 옆에서 고래 싸움에 새우 등이 터지는 것 같아. 싸움이 오래갈까 봐 나도 겁이 났어."

쌍둥이의 말에 나잘나 박사는 발개진 얼굴에 땀까지 흘러내렸다. 옆에 앉아 있던 차분해 여사가 어쩔 줄 몰라 하며 아이들의 눈치를 보면서 말했다.

"얘들아, 엄마 아빠도 의견이 안 맞을 수 있어. 서로 대화를 통해 풀어 나간 거란다."

"아하, 갈등을 풀기 위해 서로 큰소리로 싸우는 거구나."

세미의 당돌한 말에 차분해 여사의 얼굴이 다시 발개졌다.

"어머, 세미야? 그때 모습은 잊어 줘."

"난 엄마 아빠를 이해해. 나랑 재원이도 마음이 안 맞으면 싸우니까."

세미의 말에 차분해 여사가 나잘나 박사를 한 번 쳐다보고는 하던 이야기로 돌아갔다.

"다시 얘기하면 영국의 식민지였던 팔레스타인 지역에 영국이 아랍인의 도움을 받으려고 유대인의 이주를 제한했단다. 그러자 그 지역을 조상의 땅이라 여겼던 유대인들의 엄청난 저항에 맞닥뜨리게 되었지. 결국 유대인들이 이스라엘을 건국하면서, 아랍인들과의 분쟁은 해결할 수가 없게 되었단다."

이번엔 나잘나 박사가 나서서 설명했다.

"이스라엘과 파키스탄이 서로 이해하고 사이좋게 지내면 좋았을 텐데, 안타깝게도 그러지 못했단다. 결국 제4차 중동 전쟁까지 이어지게 되었으니까."

세미와 재원이가 한마디씩 물었다.

"두 나라가 전쟁까지 하는데, 다른 나라들은 가만히 보고만 있었던 거야?"

"맞아. 말리기라도 해야지."

"미국과 소련이 나서긴 했지. 그때 미국에서 무기를 지원받은 이스라엘은 시리아의 수도 다마스쿠스 외곽을 포격하기 시작했고, 이집트 수에즈 운하까지 밀고 들어간 거야."

나잘나 박사의 대답에 또다시 세미가 물었다.

"미국에서 무기를 지원받았다고? 그럼 전쟁을 더 하라고 부추긴 거잖아. 말리는 나라들은 없었던 거야?"

"유엔이 중재에 나서서 1973년 10월 22일에 미국과 소련의 결의로 휴전이 성립되었단다. 하지만 양측이 유엔 중재안을 놓고 또다시 다툼을 벌여 다시 전투를 벌이다가, 19일 만에 1차 휴전안이 발표되면서 끝날 수 있었단다."

"휴전이 되었다가 그새 전투가 또 벌어졌다고? 전쟁은 국가 간의 팽팽한 기싸움 같아."

재원이가 놀라워하며 말하자, 세미도 자기 생각을 말했다.

"그러게. 네 말처럼 무슨 팽팽한 기싸움 같아. 자존심 대결을 하는 것도 아니고…."

옆에서 차분해 여사가 나잘나 박사에게 시원한 물 한 잔을 건네며 말했다.

"너희들과 전쟁 얘기를 하다 보니까 마음이 씁쓸하구나. 당신도 속이 탈 것 같은데, 물 좀 마시고 얘기해요."

"역시 나를 생각하는 건 당신밖에 없군요."

나잘나 박사가 미소를 지었다. 그때 세미가 뭔가 결심한 듯이 강하게 말했다.

"내가 방을 포기할래. 게임방 따위 필요 없어. 그깟 방 때문에 우리 가족이 싸우는 건 싫어."

재원이는 어이없다는 표정으로 세미를 바라보았다.

"뭐야? 나랑 의논하지 않고, 누나 마음대로 결정하는 거야?"

재원이의 말에 세미가 힐끗 쳐다보며 말했다.

"넌 아직 게임방으로 하고 싶은 거야?"

"그건 아니지만 같은 편이었으면 미리 얘기를 해야지."

"뭐, 가족끼리 편이 어디 있어?"

세미는 차분해 여사 옆으로 쪼르르 달려가더니 애교를 부리며 말했다.

"엄마, 남는 방은 가족에게 필요한 드레스 룸으로 해. 내 방에 넘치는 옷들 때문에 나도 귀찮았거든."

그런 세미를 보며 재원이는 어이가 없어 웃고 말았다. 그러고는 차분해 여사에게 말했다.

"엄마, 난 사실 처음부터 우기고 싶지 않았다고."

쌍둥이의 애교에 차분해 여사와 나잘나 박사는 활짝 웃었다.

"너희들이 양보해 줘서 정말 고맙구나. 그럼 남는 방은 이제 가족 공동 구역으로 정하자꾸나."

4
하늘에서 떨어진 쓰레기들

　주말 오후, 나잘나 박사 가족은 오랜만에 차분해 여사가 음식 솜씨를 발휘해, 돼지불고기에 얼큰한 된장찌개까지 푸짐하게 차린 이른 저녁을 맛있게 먹었다. 저녁을 먹고 막 정리를 하려던 순간이었다.

　"삐삑삐삐삑!!!"

　느닷없이 문자 소리가 시끄럽게 울려댔다. 한 번도 아니고 여러 번 울리는데 귀가 먹먹할 정도였다. 각자 휴대 전화에 찍힌 문자를 확인했다.

[북한 대남 전단 추정 미상 물체 식별,

야외 활동 자제 및 식별 시 군부대 신고]

차분해 여사가 놀란 목소리로 말했다.

"여보, 이게 무슨 일이죠? 갑자기 북한에서 뭘 보냈다는 걸까요?"

"얼른 뉴스를 봐야겠어요. 하루도 조용할 날이 없네요."

나잘나 박사가 재빨리 텔레비전을 켜는 사이 아이들도 거실로 모였다.

"엄마, 뭐야? 우리 대피해야 하는 거야?"

"야외 활동을 왜 하지 말라는 거야?"

쌍둥이의 물음에도, 나잘나 박사와 차분해 여사는 대답할 여유가 없었다. 무슨 일인지 확인하는 게 먼저였다. 텔레비전 뉴스에는 전문가 세 명이 나와서 떠들고 있었다. 전문가 중에는 아이들에게도 낯익은 얼굴이 한 명 있었다. 세미가 물었다.

"아빠, 저 박사님 아빠 대학 동창 아니야? 우리 집에 와서 저녁도 함께 먹었잖아."

북한이 대남 전단 물체를 남한 쪽으로 보냈습니다. 우리 군에서 조사 중에 있지만, 북한이 예전에도 그런 행동을 한 바가 있습니다. 풍선 안에는 오물들과 휴지들이 들어 있다고 합니다.

"기억하는구나. 저 친구가 친구들 사이에서 전쟁 박사로 통하지. 북한 전문 박사인데, 무슨 말 하는지 좀 들어 보자."

전문가들의 말을 듣고 있으면, 이미 전쟁이라도 난 것처럼 불안한 상황이다. 재원이가 차분해 여사에게 물었다.

"엄마, 전쟁이 정말 나는 거야?"

세미는 금방이라도 울 것 같은 표정으로 말했다.

"엄마, 너무 무서워."

한반도는 현재 불안합니다. 1953년 7월 25일 이후 70년 이상 휴전 중이기 때문입니다. 종전이 아니기에 시민들의 불안감만 더 커지고 있습니다. 전쟁 가능성이 없는 것은 아닙니다.

북한은 우크라이나 전쟁을 벌이는 러시아에 무기를 제공하고 있는 상황이고, 이란은 러시아에 자폭용 드론과 생산 기술을 제공했습니다. 아마도 이란과 북한 사이에 군사적인 교류가 있을 것으로도 예상됩니다.

차분해 여사는 잔뜩 겁을 먹은 아이들을 꼭 안아 주고는 차분하게 말했다.

"당장 전쟁이 나는 건 아니니까 걱정하지 않아도 된단다."

그제야 조금 긴장이 풀린 재원이가 말했다.

"엄마, 북한은 미사일도 발사하더니, 이제는 오물 풍선까지 왜 보내는 거야? 풍선 속에 거름, 폐지, 담배꽁초 같은 더러운 쓰레기가 잔뜩 들어 있다잖아."

옆에서 잔뜩 겁을 먹은 세미도 물었다.

"북한이 못 하도록 막을 수는 없는 거야?"

쌍둥이의 물음에 차분해 여사가 뉴스 소리를 낮추고 대답했다.

"대한민국으로 귀순한 탈북민들 단체에서 대북 전단지 30만 장을 살포하면서 시작되었다는구나. 대북 전단을 포함해서 우리나라에서 유행하는 노래들도 함께 보냈대. 대북 전단을 보내는 건 표현의 자유이기 때문에, 현행법상으로는 규제할 근거가 없다는구나."

"말도 안 돼. 이렇게 우리나라를 위험에 빠뜨리는데, 이런 게 표현의 자유라고?"

세미가 고개를 갸우뚱했다. 그런 세미 옆에서 재원이는 화가 불끈 났다.

"아무리 전단지가 마음에 안 들어도 그렇지, 저런 쓰레기를 보내다니 말이 돼?"

그때였다. 세미와 재원이의 휴대 전화가 시끄럽게 울려댔다.

둘은 깨톡과 SNS 메시지를 확인했다. 반마다 아이들도 한바탕 논쟁이 벌어지고 있었다.

그때였다. 급하게 옷을 갈아입고 방에서 나온 나잘나 박사가 차분해 여사에게 말했다.

"연구소에 나가 봐야 할 것 같아요. 긴급 대책 회의를 하자고 하네요."

나잘나 박사가 나가고 나자, 차분해 여사는 싱크대와 냉장고를 열어 먹을 게 얼마나 있는지 확인하며 혼자 중얼거렸다.

"라면이랑 쌀이 얼마 안 남았네."

세미가 차분해 여사 옆에 다가와 물었다.

"엄마, 우리도 먹을 걸 미리 사 둬야 하는 거 아니야?"

"엄마도 모르게 라면이랑 쌀부터 확인하게 되네. 이런 상황이 되면 사람들은 불안감이 커져서 비상식량이나 생필품을 사재기하기도 하지."

차분해 여사의 말에, 세미가 휴대 전화를 보여 주며 말했다.

"엄마, 이거 봐. 깨톡방에서 친구들이 오물 풍선 이야기밖에 안해. 진짜 전쟁 나면 어떡해?"

재원이의 얼굴은 여전히 걱정으로 가득했다.

"전문가들도 그랬잖아. 대한민국이 휴전국이라 안심할 수 없다고. 어떡하면 좋아?"

"얘들아, 미리 겁먹고 불안할 필요는 없단다. 전쟁을 그렇게 쉽게 시작하지는 않아. 일단 상황을 차분하게 지켜보는 게 좋을 것 같구나."

차분해 여사가 쌍둥이를 진정시켰다. 그러고는 아직 식탁 위에
남아 있던 그릇들을 정리하며 말했다.

"오늘 아빠도 비상이라 늦을 것 같은데, 얼른 치우고 일찍 잠
자리에 드는 게 좋을 것 같구나."

세미와 재원이가 투덜거리며 한마디씩 했다.

"에잇, 기분 좋게 저녁 먹었는데, 기분 상했어."

"맞아. 좋았던 기분이 휙 하고 풍선처럼 날아갔어."

재원이의 말에 세미가 화를 버럭 냈다.

"윽, 풍선 이야기하지 마. 아까 본 영상이 생각나서 토할 거 같
다고."

"어이구, 알았다고."

5

철봉 할아버지가 겪은 슬픈 전쟁

　요즘 부쩍 농구에 빠진 재원이는 얼굴이 까맣게 탈 정도로 열심이다. 오늘도 수학 학원이 끝나자마자, 가장 친한 민준이, 영철이와 공원에 있는 농구 코트로 달려갔다.

　민준이가 패스한다고 던진 공이 멀리 튕겨 나가고 말았다. 재원이가 잽싸게 달려갔더니, 트랙을 돌며 운동하던 할아버지가 공을 주워 주었다.

　할아버지는 흰머리가 수북했지만, 허리가 꼿꼿하고 깔끔한 운동복 차림이었다. 공원에서 얼굴을 자주 마주치는 할아버지로, 철봉을 멋지게 하는 걸로 유명했다.

　할아버지가 재원이에게 공을 건네며 말했다.

　"요즘 공원에 자주 보이는 친구들이구나. 운동하는 모습이 보기 참 좋구나!"

할아버지의 말에 재원이가 인사하며 물었다.

"감사합니다. 할아버지는 철봉 잘하시는 걸로 유명하잖아요. '요리조리 요상한 사람들' 프로그램에도 나오셨지요?"

"텔레비전에 나온 걸 봤구나."

"할아버지는 철봉을 어떻게 그렇게 잘하세요?"

"매일 꾸준히 연습하다 보니 이렇게 하게 됐지. 젊어서는 먹고 살기 바빠서 운동을 하지 못하다가 이제야 철봉 운동으로 건강을 되찾게 되었단다."

공을 건네준 할아버지는 걷는 걸 끝내고 철봉에 매달려 운동을 시작했다. 날렵하게 휙휙 도는 모습이 예사롭지 않았다.

"와, 할아버지 대단하다."

"멋져. 연습을 얼마나 많이 했을까?"

아이들은 그런 할아버지 모습을 보면서 감탄하며 떠들어 댔다.

농구를 끝내고, 철봉 옆 시원한 나무 그늘에 앉아 땀을 식히고 있던 수다쟁이 민준이가 먼저 말을 꺼냈다.

"우리 이모가 사는 아파트에 오물 풍선이 떨어졌대. 경찰들이 오고 난리도 아니었나 봐."

민준이의 말에 까불이 영철이가 거들었다.

"우리 할아버지가 사는 동네에서는 빌라 옥상에 떨어져서 불이 났대."

영철이의 말에 재원이가 물었다.

"오물 풍선이 떨어졌는데, 왜 불이 난 거야?"

"풍선이 터지면서 안에 들어 있던 종이 쓰레기가 탔나 봐. 옥상 바닥이랑 벽까지 불탄 자국이 장난 아니었대. 사람들이 대피까지 하고 한바탕 난리였나 봐. 할아버지랑 할머니도 우리 집에 며칠 와 계셨어."

영철이의 말에 재원이가 말했다.

"너희들, 오물 풍선은 함부로 만지면 안 되는 거 알지? 무조건 신고부터 해야 해."

"그럼, 당연하지. 그걸 누가 만지냐? 뭐가 들어 있을 줄 알고."

휴전국인 우리나라는 대북 전단이나 오물 풍선 같은 것들이 군사 분계선을 넘어 다니면 위험한 상황이 벌어질 수도 있단다. 남북 관계가 적대적 대치 상황으로 내몰리지 않고, 평화를 유지하기 위해서는 이런 도발적인 행동들은 없어져야 한단다.

마침 세미와 세미의 친구 혜인이가 배드민턴을 하기 위해 공원으로 왔다가 남자아이들이 하는 대화에 끼어들었다.

"너희도 오물 풍선 얘기구나. 우리 반도 계속 그 얘기만 해."

"그래도 우리 동네에 떨어지지 않아 얼마나 다행인지 몰라."

혜인이의 말에 민준이와 영철이도 한마디씩 보탰다.

"나도 그렇게 생각해. 우리가 사는 동네에만 떨어지지 않으면 되는 거 아니야?"

"우리 집은 전쟁 나도 상관없어. 전쟁 나면 이모가 사는 미국으로 이민 가기로 했거든."

영철이의 말에 민준이가 시비를 걸듯 대꾸했다.

"야, 비겁하게 너희만 미국으로 도망가면 다야? 미국이라고 안전할 것 같아?"

"뭐? 너 도망이라고 했냐? 그럼 너도 다른 나라로 가든지."

"외국에 친척도 없는데, 어떻게 가냐?"

"나한테 어쩌라는 건데?"

민준이와 영철이가 아무 말이나 내뱉고 말았다. 그 이야기를 듣고 있던 세미와 재원이가 동시에 소리쳤다.

"야, 너희 그만 좀 해."

그때였다. 농구공을 주워 주었던 철봉 할아버지가 아이들에게 다가와 낮은 목소리로 말했다.

"너희들, 내가 일부러 들은 건 아니지만 이왕 들었으니 한마디 해도 될까?"

아이들은 갑자기 무슨 일인가 싶어 고개만 끄덕였다.

"전쟁에 대해 그렇게 함부로 말해선 안 되는 거란다. 너희가 겪어 보지 않아서, 전쟁이 대수롭지 않게 여겨지나 보구나."

할아버지는 고개를 들어 먼 산을 바라보았다. 세미와 재원이는 민준이와 영철이에게 사과하라고 눈짓했다.

"할아버지, 죄송해요. 북한이 자꾸 이상한 짓을 하니까 화가 나서 그랬어요. 전쟁 나도 괜찮다는 말은 진심이 아니에요."

영철이가 할아버지에게 꾸벅 인사하며 사과했다. 민준이도 고개 숙여 사과했다.

"맞아요. 저희도 전쟁은 안 했으면 좋겠어요. 죄송해요."

할아버지가 두 아이의 머리를 쓰다듬어 주었다.

"그래, 너희가 무슨 잘못이냐? 다 어른들 잘못이지."

그때 세미가 물었다.

"할아버지, 저도 얼마 전까지만 해도 전쟁에 대해 잘 몰랐어요. 그때는 뭐 전쟁쯤이야 하고 생각했는데, 이젠 아니라는 걸 알게 되었어요. 할아버지는 혹시 전쟁을 겪으셨어요?"

세미의 말에 할아버지가 선한 미소를 띠며 나지막한 목소리로 말했다.

"아주 똑똑한 아이구나. 사실 나도 너무 어릴 때라 기억이 잘 나지는 않는단다. 하지만 아버지가 전쟁에 참전했다가 돌아가셨지. 우리 가족은 전쟁 피해자란다."

"전쟁 피해자요?"

할아버지의 말에 아이들은 함께 합창이라도 하듯 물었다.

"우리 어머니는 어린 다섯 남매를 홀로 키워야 했단다. 형들과 누나들은 전쟁으로 학교가 불타 없어져 더 이상 공부를 할 수도 없었지."

"학교에 불이 났으면, 다른 학교로 전학 가면 되지 않아요?"

옆에서 영철이가 머리를 긁적이며 물었다. 할아버지가 영철이 머리를 쓰다듬고는 말했다.

"전쟁으로 건물들이 무너지고, 죽은 사람들의 시체가 거리에 쌓일 때인데, 다른 학교라고 남아 있었겠니?"

할아버지는 그 어린 나이에 보았던 잔인하고 끔찍한 광경이 아직도 기억나 순간 몸서리를 쳤다.

"너무 무서워 밤에 잠도 제대로 잘 수 없었단다. 전쟁이 끝난 뒤에도 형들은 모두 학교에 다닐 수 없었지. 먹고 살려면 돈을 벌어야 했거든. 누나는 남의 집 일을 하러 집을 떠났어. 난 너무 어려서 돌봐 줄 사람이 필요했지. 그래서 친척 집을 돌아다니며 살았단다."

할아버지는 옛 생각이 나는 듯 하늘을 한 번 쓱 올려다보더니 말을 이었다.

"하루아침에 부모를 잃고 전쟁고아가 된 아이들도 많았어."

"전쟁고아라는 말, 정말 슬프네요."

옆에 있던 재원이는 울컥하는 마음이 들었다.

"기억나는 게 하나 있구나. 누나랑 나는 하얀 쌀밥이 너무 먹고 싶었지."

"쌀밥이요?"

"쌀이 너무 귀한 시절이었거든. 하루는 누나가 얼어붙은 땅을 파고 어디서 얻었는지 쌀 한 톨을 심었단다. 여기서 쌀이 나면 쌀밥을 해 먹자고 나랑 손가락 걸고 약속했단다."

"언 땅에서 쌀이 날 리가 없을 텐데, 너무 슬픈 이야기네요."

세미와 혜인이가 훌쩍거리고 있자, 재원이가 놀리듯 말했다.

"야, 너희 우는 거야?"

전쟁고아는 전쟁이 만들어 낸 슬픈 말이란다. 1950년부터 1953년까지 이어진 한국 전쟁으로 인해 생겨난 전쟁고아는 약 10만여 명이 넘었단다. 이때의 전쟁고아는 당시 한국에서 구호 활동을 펼쳤던 주한 유엔 민간 원조 사령부, 선교사 등을 통해 길러졌지. 전쟁고아가 된 아이들을 보호하기 위한 위탁 시설이 전국 곳곳에 세워지기도 했단다.

"슬프잖아. 눈물 없이는 들을 수 없는 이야기인데, 너희는 감정도 없어?"

그때 옆에 있던 민준이도 눈물을 닦고 있었다. 그런 민준이를 보며 재원이가 물었다.

"강민준? 너도 울었어?"

"야, 우리가 그 시대에 살았다고 생각해 봐. 가족들 얼굴도 못 보고 혼자 얼마나 힘들었겠어?"

그때 할아버지가 한마디했다.

"내 말을 잘 들어 줘서 고맙구나. 전쟁은 정말 끔찍한 거란다. 왜 전쟁이 나면 안 되는지 이제 이해가 될까?"

"네!"

아이들은 크게 소리 내 대답했다. 짧은 시간이었지만, 아이들은 할아버지를 통해 들은 이야기로 많은 걸 생각하게 되었다.

"이제 남은 운동을 마저 할까? 난 두 바퀴만 더 돌고 들어갈 건데, 너희는?"

영철이가 농구공을 튕기며 대꾸했다.

"저희는 농구 대결 좀 하다가 들어갈게요."

재원이와 민준이는 영철이를 따라 농구 코트로 뛰어가고, 세미와 혜인이는 배드민턴 채를 잡았다. 할아버지는 아이들이 노는 모습을 흐뭇하게 바라보았다.

6
난장판이 된 체육대회 날

드디어 기다리던 체육대회 날이다. 반 대항에서 1등을 하면 세미네 선생님은 컵라면을 사 주기로 하고, 재원이네 선생님은 아이스크림을 사 준다고 약속했다. 그래서 쌍둥이에게는 더욱 기다려지는 날이다.

아침 일찍, 학교에서부터 전체 비상 연락이 왔다. 전교생이 오전 9시부터 하려던 체육대회 일정이 바뀌었다는 내용이었다. 게다가 운동장에서 하지 못하고, 강당에서 소운동회로 한다는 것이다. 종목도 축소되고 말았다. 오전 10시부터 1, 3, 5학년이 먼저 하고, 오후 1시부터 2, 4, 6학년이 한다.

비상 연락을 확인한 세미가 호들갑을 떨며 말했다.

"엄마, 엄마. 우리 학교 화단에 오물 풍선이 떨어졌대."

옆에서 재원이는 불만이 가득했다.

"왜 하필이면 체육대회 하는 날, 우리 학교에 떨어졌냐고?"

차분해 여사가 그런 쌍둥이에게 한껏 주의를 줬다.

"오늘 학교 가서도 조심하렴. 잔해물은 다 정리되었겠지만 그래도 혹시 모르니까."

아이들이 학교에 도착하니 화단은 이미 말끔히 정리되어 있었다. 하지만 아이들은 만날 때마다 오물 풍선에 대해 이러쿵저러쿵 말하기에 바빴다.

"와, 우리 학교에도 떨어질 줄 몰랐어. 이게 뭔 난리야? 체육대회 하는 도중에 운동장에 떨어졌다고 생각해 봐. 진짜 생각만 해도 무서워."

"보안관 아저씨가 빨리 신고해서 다행이야. 누가 다치기라도 했어 봐?"

"새벽에 운동하던 할머니가 퍽 하고 떨어지는 소리를 들었대. 주변에 쓰레기가 엄청 많이 흩어졌나 봐."

"경찰들이 쓰레기 치우느라 얼마나 힘들었을까?"

학년별로 반티를 챙겨 입은 아이들이 강당에 모였다. 줄다리기, 박 터트리기, 이어달리기 등 새로운 종목이 시작될 때마다 열기가 뜨거웠다. 각자 자신들의 반을 응원하는 소리가 떠나갈 듯 커졌다.

드디어 마지막 종목인 이어달리기 차례가 되었다. 세미는 3반에서, 재원이는 4반에서 각각 반을 대표하는 주자 중 한 명으로 뽑혔다. 대기 줄에 서서 자신의 차례를 기다리던 둘은 서로를 향해 시비를 걸었다.

"나재원. 우리 3반이 1등이니까 아이스크림은 꿈도 꾸지 마."

"무슨 소리야? 1등은 우리라고."

재원이는 기가 차다는 표정으로 세미를 쳐다봤다. 그런 재원이를 향해 한껏 입을 뾰로통하게 내밀고는 세미가 큰소리로 말했다.

"내가 있는 한 우리 반이 승리할 거라고."

재원이는 귀를 막으며, 고개를 돌리고는 한숨을 내쉬었다.

"쳇, 누가 1등 하는지 나중에 보자고!"

출발을 알리는 호루라기 소리가 힘차게 울리자 아이들은 한 줄씩 앞으로 달려 나갔다. 세미와 재원이는 앞 주자가 달려와 자신에게 바통을 주기만을 기다렸다.

바통을 건네받아 있는 힘껏 달리던 세미가 재원이네 반 주자인 재이와 함께 강당 바닥에 나뒹굴고 말았다. 바닥이 너무 미끄러워 넘어지고 만 것이다. 무릎이 까진 세미는 눈물이 나올 정도로 아파 쉽게 일어설 수가 없었다. 그사이에 재빨리 일어난 재이가 먼저 다시 달렸다. 재이가 어느새 마지막 주자인 재원이에게 바통을 넘겨 주려는 찰나, 세미네 반 누군가가 외쳤다.

"재이가 세미를 넘어뜨렸어. 내가 봤다니까. 재이가 반칙을 했다고!"

이 말을 들은 세미네 반 아이들은 화가 나 재원이네 반 아이들과 말다툼을 벌이고 말았다. 서로 말싸움 대회라도 나간 것처럼 큰소리치며 말싸움을 벌였다. 한두 명이 시작한 싸움은 반 싸움으로 변했다.

"재이가 세미를 넘어지게 했다니까."

"뭔 소리야? 졌으면 곱게 인정해야지, 왜 말도 안 되는 걸로 우겨?"

"치사하게 반칙까지 해서 이기고 싶냐?"

"달리기도 못하면서 왜 나온 거야?"

이 소리를 들은 세미가 억울한 듯 소리쳤다.

"강당이 미끄러워서 넘어진 거라고!"

세미의 말에 재원이 반 아이가 비아냥댔다.

"넘어졌다고 우는 게 이상한 거 아니야?"

"갑자기 이러는 건 테러나 다름없어!"

옆에서 듣고 있던 재원이도 폭발하고 말았다.

"야, 무슨 소리야? 안 그래도 열받는데…. 그래 테러다."

어이없는 표정으로 아이들의 모습을 지켜보던 체육부장 선생님이 호루라기를 크게 불자 아이들은 그제야 조용해졌다.

"너희들, 지금 뭐 하는 짓들이야? 내가 살다 살다 이런 난장판 체육대회는 처음 본다."

다른 반 선생님들까지 모두 달려와 아이들을 말렸다. 그런데도 몇몇 아이들은 화가 가라앉지 않는지 여전히 씩씩거리며 불평들을 쏟아냈다. 또다시 체육부장 선생님이 화를 버럭 냈다.

"다들 조용히 안 해?"

멀리서 그 모습을 지켜보던 차분해 여사는 너무 어이가 없어 잔뜩 화가 나고 말았다.

체육대회가 끝나고, 차분해 여사는 세미와 재원이가 곁으로 다가오자 화가 잔뜩 묻은 목소리로 말했다.

"나세미, 나재원. 너희 둘 다 뭐한 거지? 보는 내내 너무 창피해서 어떻게 할 줄을 모르겠더라. 일부러 학교에 휴가까지 내고 구경 왔는데, 이런 광경을 보다니 엄마는 너무 기가 막힌걸?"

"엄마, 우리도 억울하다니까. 누나가 넘어지지만 않았어도 정정당당하게 승부를 가릴 수 있었다고."

재원이의 말에 세미가 어이없다는 표정을 지었다.

"나재원? 내가 일부러 넘어졌어?"

세미와 재원이의 싸움이 아직 끝나지 않았다. 서로 할 말이 잔뜩 남은 표정이었다. 그런 둘을 보던 차분해 여사가 눈을 크게 뜨고, 단호하게 말했다.

"너희 둘 다 당장 집으로 가야겠다."

7 말만 들어도 무시무시한 테러

세미와 재원이는 돌아오는 내내 차 안에서 눈물이 쏙 빠지도록 차분해 여사의 잔소리를 들었다. 잔뜩 기가 죽었던 쌍둥이는 집에 들어서자마자 주방으로 달려가 냉장고 문부터 열었다. 실컷 잔소리를 들었던 탓에 배가 너무 고팠기 때문이다. 빵과 주스, 우유를 꺼내 정신없이 먹어 치웠다. 재원이가 주스를 벌컥벌컥 마시다 내려놓으며 말했다.

"오늘 애들하고 햄버거 사 먹기로 했는데, 약속이 엉망이 되고 말았어."

재원이의 말에 세미가 맞장구를 쳤다.

"나도 체육대회 끝나고 친구들이랑 떡볶이 먹으러 가기로 했는데, 이게 뭐야? 오늘 같은 날, 치킨 먹고 싶지 않냐?"

"난 피자도! 엄마한테 배달 시켜 달라고 하자."

    역시나 이럴 때 세미와 재원이는 찰떡궁합이다. 손바닥을 딱 마주치며 차분해 여사를 바라보았다.

    그렇지 않아도 즐거운 날에 너무 혼을 낸 게 아닌가 생각하던 차분해 여사가 대답했다.

    "역시 먹을 때는 단합이 잘 되는구나. 오늘 싸우느라 힘들었을 테니 치킨에 피자까지 시켜 먹자."

    "와! 역시 엄마 멋져."

    "엄마, 피자 큰 거로 시켜 줘. 많이 먹을 수 있단 말이야."

    신이 난 세미와 재원이가 소리를 질렀다. 그때 차분해 여사가 단호하게 말했다.

    "단! 아빠 퇴근하시면 시켜 줄 거야. 아빠랑 같이 먹어야지."

차분해 여사의 한마디에 쌍둥이는 나잘나 박사가 들어오기를 눈이 빠지게 기다렸다. 빨리 먹고 싶은 마음도 있었지만, 나잘나 박사에게 할 이야기가 너무 많았다.

드디어 현관문 앞에서 비밀번호 누르는 소리가 들렸다. 나잘나 박사가 현관문 안으로 들어서는 순간, 재원이가 먼저 조르르 달려가 말했다.

"아빠, 오늘 체육대회 하다가 테러당할 뻔했잖아."

"퇴근하면서 엄마와 통화하며 얘기 들었다. 학교에서 아이들끼리 싸움이 났다면서? 체육대회는 좋은 추억을 만들기 위해 하는 건데 아쉬웠겠어."

나잘나 박사는 다른 날과 달리 매우 피곤한 모습이었다.

"당신은 얼른 씻고 나와요. 금방 음식 도착할 거예요."

"나를 생각해 주는 건 당신밖에 없군요. 얘들아, 씻고 나와서 얘기하자. 아빠가 오늘 좀 힘든 날이었단다."

나잘나 박사가 씻으러 들어가자, 옆에서 차분해 여사가 재원이를 보며 물었다.

"재원아? 테러가 무슨 뜻인지나 알고 말하는 거야? 함부로 쓰는 말이 아닌데….."

"엄마, 애들끼리 게임 할 때도 잘 쓰는데?"

재원이가 고개를 갸우뚱하며 물었다. 옆에서 세미도 같은 마음이었다.

"엄마, 왜 안 된다는 거야? 나도 그 말 잘하거든."

"테러는 폭력을 써서 적이나 상대편을 위협하거나 공포에 빠뜨리는 행위라는 뜻이야. 프랑스어가 어원이었는데, 이 단어는 '거대한 공포'를 의미하는 라틴어에서 왔단다."

차분해 여사의 설명이 끝나자 세미가 말했다.

"테러라는 말이 그런 뜻인지 몰랐어."

재원이가 차분해 여사를 향해 물었다.

"엄마, 테러 때문에 혹시 전쟁이 나기도 하는 거야?"

"이 사진과 영상 좀 보렴."

차분해 여사가 동영상 하나를 찾아 틀었다.

"으악, 이렇게 큰 빌딩에 무슨 일이 있었던 거야?"

"이 빌딩이 폭발한 게 테러 때문이라는 거야?"

세미와 재원이의 물음에 차분해 여사가 차분하게 답했다.

"2001년 9월 11일에 미국 뉴욕의 110층짜리 세계무역센터 쌍둥이 빌딩이 이렇게 무너지고 말았단다."

"110층 빌딩이 왜?"

깜짝 놀란 세미와 재원이는 동시에 똑같이 물었다.

"항공기가 납치되어 무역센터 빌딩이랑 워싱턴의 국방부 청사(펜타곤)가 공격을 받으며 벌어진 자살 테러 사건이란다. 끔찍한 대참사가 벌어지면서 미국은 공포에 빠졌지. 바로 911테러 사건이야."

"도대체 누가 그런 무서운 일을 한 건데?"

궁금한 세미가 재빨리 물었다. 차분해 여사가 대답했다.

911테러 때 90개국의 3천 명 이상의 무고한 사람들이 목숨을 잃었단다. 희생자들의 대부분
은 뉴욕에 사는 사람들이었고, 4대의 항공기에 탑승한 승객은 전원 사망했지. 경제적 피해도
어마어마했단다. 이때 유독성 잔해 속에서 일했던 소방관을 포함해 수천 명이 이 테러의 여
파로 부상을 입거나 질병에 걸리기도 했단다.

"테러의 주범은 아프가니스탄에서 활동하던 알카에다라는 이슬람 극단주의 세력의 오사마 빈 라덴이었지. 알카에다는 미국과 동맹국들을 비난하면서, 이 사건을 기획했다고 해."

"희생자들이 어마어마했을 것 같아."

"물론이야. 세계 초강대국 미국은 순식간에 아수라장으로 바뀌었단다. 세계 경제의 중심부이자 미국 경제의 상징인 뉴욕은 하루아침에 끔찍한 전쟁터나 다름이 없었어."

"그래서 전쟁이 났던 거야? 미국에서 가만히 있었을 리가 없잖아."

"당시 미국 대통령이 유엔의 지원을 받아 알카에다 척결과 빈 라덴을 색출하기 위해 아프가니스탄 침공을 주도했단다. 결국 전쟁이 일어난 거지. 911테러가 사람들에게 큰 충격과 슬픔을 남겼는데도, 테러는 지금도 계속해서 일어나고 있단다."

세미와 재원이는 차분해 여사를 향해 차례대로 약속했다.

"엄마, 앞으로 친구들한테도 그런 나쁜 말은 하지 말라고 얘기할게."

"나도, 나도! 절대로 쓰지 않을 거야."

때마침 인터폰이 울렸다. 드디어 치킨과 피자가 배달되었다. 어느새 나잘나 박사도 씻고 나와 식탁에 앉았다. 쌍둥이는 누가 먼저랄 것도 없이 동시에 닭다리 하나씩을 집어 들었다. 세미가 닭다리를 맛있게 먹으며 말했다.

"전쟁 나면 먹고 싶은 것도 마음대로 먹을 수 없을 거야."

"누나 말이 맞아. 치킨과 피자를 마음껏 먹기 위해서라도 전쟁은 안 돼. 전쟁은 생각하고 싶지도 않아."

"나재원? 어쩐 일로 내 말에 쉽게 동의하는 거야?"

세미가 재원이에게 친절하게 피자 한 조각을 건네주며 물었다. 재원이는 세미 앞에 피클을 놓아 주며 대답했다.

"이제부터 누나랑 싸우지 않을 거야. 전쟁이 얼마나 무서운지 아는데, 누구랑도 싸우고 싶지 않아."

"내 동생, 웬일이야? 잘 생각했어. 나도 싸우지 않도록 할게."

세미가 재원이의 어깨를 감싸며 칭찬했다. 옆에서 나잘나 박사와 차분해 여사가 흐뭇하게 바라보았다.

"오늘 아빠가 연구소에서 힘들었는데, 사이좋은 너희들 모습을 보니까 스트레스가 사라지는 것 같구나."

나잘나 박사가 쌍둥이에게 말했다. 세미와 재원이가 나란히 한마디씩 했다.

"아빠, 회사에서 무슨 일 있었어?"

"아빠가 오늘따라 더 지쳐 보이긴 했어."

"출장 갔던 선배가 오물 풍선 때문에 비행기가 연착되는 바람에 중요한 연구 발표에 차질이 생겼단다. 너희 학교에도 오늘 오물 풍선이 떨어졌다면서?"

나잘나 박사의 말에 쌍둥이는 학교에서 있었던 일을 재잘재잘 떠들어 댔다.

"제발 그만 보내면 좋겠어. 하늘만 보고 다닐 수도 없잖아."

"나도 정말 무서워. 친구들도 전쟁 나면 어떡하느냐고 걱정만 한다니까."

나잘나 박사도 한껏 걱정 가득한 얼굴로 말했다.

"그렇지 않아도 요즘 아빠 연구소에서 일하는 차이안 씨가 뉴스를 보고 걱정하더구나. 혹시 한국도 전쟁이 나면 어떻게 하냐고?"

"차이안 씨가 누군데?"

재원이의 물음에 나잘나 박사는 차이안 씨에 대해 얘기했다. 연구소에서 일하는 청소 노동자이며, 우크라이나에서 왔다는 것과 함께 우여곡절 끝에 난민으로 인정받기 위해 신청해 둔 상태라고 했다.

"차이안 씨가 우크라이나에서 살 때는 자동차 정비소에서 평범하게 일하던 청년이었대."

나잘나 박사의 말이 끝나자마자, 세미와 재원이가 서로 마주 보더니 동시에 말했다.

"아빠, 우리가 만나 볼 수 있을까?"

"너희가 만나 본다고?"

"직접 이야기를 듣고 싶어서."

"어쩌면 차이안 씨도 오랜만에 고향 이야기를 하면 좋아할 수

가고 싶다,
그리운 내 고향!

도 있겠구나. 아빠가 내일 얘기해 볼게."

"아빠, 친구들도 함께 데려가면 안 될까?"

재원이는 민준이와 영철이를 데려갈 생각이었다. 세미도 혜인
이 생각이 났다.

"좋은 생각이구나."

그때 차분해 여사가 한마디했다.

"이제 이야기는 그만하고, 치킨과 피자 좀 먹는 게 어떨까?"

쌍둥이는 동시에 큰 소리로 대답했다.

"네!"

8
고향으로 돌아갈 수 없는 차이안

며칠이 지났다. 수업이 일찍 끝나는 수요일이다. 재원이는 영철이와 민준이를, 세미는 혜인이를 데리고 학교 근처에서 버스를 타고 나잘나 박사가 일하는 연구소에 도착했다. 아이들은 나잘나 박사를 만나, 소강당으로 따라 들어갔다. 그곳에는 차이안이 아이들을 기다리고 있었다. 먼저 쌍둥이가 준비해 간 직접 만든 쿠키를 선물로 내밀었다.

"안녕하세요. 저는 나잘나 박사의 쌍둥이 아들 나재원입니다. 꼭 한번 만나고 싶었어요."

"안녕하세요. 저는 쌍둥이 딸 나세미입니다. 혹시 몰라 우크라이나 번역 앱까지 깔아 두었어요."

뒤이어 다른 친구들도 한 명씩 소개하며 인사했다. 아이들의 인사가 끝나자 차이안도 웃으며 인사를 했다.

"반가워요. 내 이름은 차이안이에요."

차이안은 아이들을 보자 눈시울이 붉어졌다.

"우리 형이 보고 싶어요. 나도 쌍둥이예요."

아이들은 차이안이 쌍둥이 형을 만날 수 없는 현실이 너무나도 안타까웠다. 차이안은 우리말을 곧잘 해서 아이들과의 소통에는 큰 문제가 없었다. 설명이 어려운 부분이 나오면 옆에 있던 나잘나 박사가 설명해 주었다.

차이안은 자신의 이야기를 시작했다. 평범한 시골 마을에서 살다가, 스무 살이 되던 무렵부터 자동차 정비소에서 일했다. 우크라이나에 전쟁이 날 줄은 꿈에도 몰랐던 차이안은 가난에서 벗어나고 싶어서 돈을 벌기 위해 먼저 한국에 들어와 있었다. 자신이 한국에 자리를 잡고 나서 쌍둥이 형과 누나들을 불러올 계획이었다. 차이안은 말하면서 눈물을 흘렸다.

"한국에 들어오고 얼마 지나지 않아서 전쟁이 터졌어요. 부모님과 형제들이 살던 집이 폭격으로 불에 타 없어져 버렸대요. 그 뒤로 연락이 되지 않아 걱정만 하고 있어요."

곁에 있던 나잘나 박사가 어깨를 토닥여 주었다. 그러고는 아이들에게 차이안의 상황을 설명했다.

"차이안은 전쟁을 피해 한국에 머물고 있단다. 현재 한국에 있는 대부분의 우크라이나인은 난민이 아닌 '인도적 체류자' 신분이지."

"인도적 체류자 신분이 뭐예요?"

민준이가 곧바로 물었다.

"난민에는 해당하지 않지만, 취업은 가능하단다. 하지만 일반 국민이 받는 기본적 생활 지원을 받을 수 없지."

"난민이랑 다른 거예요?"

"우리나라에서 난민 지위를 얻는 건 쉽지 않단다. 난민으로 인정받기 위해서는 여러 상황으로 생명이나 신체의 자유 등을 현저하게 침해당할 수 있다고 인정할 만한 합리적인 근거가 있어야

해. 말하자면 본국에 있는 게 더 위험하기 때문에 우리나라에 살아도 좋다는 허락을 받는 거란다."

"난민으로 인정하지 않는 건 무슨 이유 때문인가요?"

이번에는 혜인이가 고개를 갸우뚱하며 물었다. 나잘나 박사가 대답했다.

"전쟁 때문에 자국을 떠난 사람들이라도 우리나라에서는 난민으로 인정받기 힘들단다. 징병을 피해 출입국관리소를 찾은 러시아인에게는 난민 심사조차 허용되지 않는 상황이거든. 병역을 하기 싫어 도망치는 경우라고 생각할 수 있기 때문이지."

"병역을 피해 도망쳤다고 생각한다고요? 말도 안 돼요."

이번엔 재원이가 주먹을 불끈 쥐며 물었다.

"그럴 수밖에 없는 이유가 있단다. 러시아의 우크라이나 침공 이후 세계는 넘쳐나는 난민들로 위기에 빠졌단다. 대한민국에도 난민을 인정받으려고 신청한 러시아인이 8,800명이 넘었다고 해. 전쟁 전과 비교하면 100배 이상 증가한 거란다."

나잘나 박사의 말에 아이들은 깜짝 놀라고 말았다.

"난민이 그렇게 많아요?"

"아마 점점 더 많아지지 않을까 싶어. 그런데도 난민으로 인정된 사람은 없단다. 갑자기 몰려드는 전쟁 난민에 대해 어떻게 해야 할지 여러 가지 찬반 논란이 있기 때문이란다. 난민에 대한 여러 편견 역시 팽배해서 우리나라는 난민에게 장벽이 높은 나라 중 하나란다."

난민 발생 상위 5개 국가

세계 난민 및 기타 국제적 보호가 필요한 인구 중 약 4분의 3이 아래 5개국 출신이다.

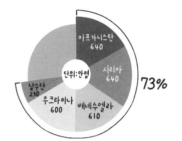

난민 보호 상위 5개 국가

이란, 튀르키예, 콜롬비아, 독일, 파키스탄은 전 세계 난민 및 기타 국제적 보호가 필요한 인구 중 약 5명 중 2명을 보호했다.

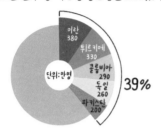

2023년 말 기준 박해, 분쟁, 폭력, 인권 보호 등으로 인해 전 세계에서 강제로 집을 떠나야만 했던 사람들의 수는 1억 1,730만 명(국내 실향민 6,830만 명 포함)에 달하면서 최고치를 기록했다. 이중 난민은 4,340만 명에 달했다. 출처 : 2023 유엔난민기구 동향 보고서

난민 발생 5개 국가

우크라이나
아프가니스탄
시리아
남수단
베네수엘라

나잘나 박사의 한마디

지금 세계는 제2차 세계 대전 이후 최악의 난민 위기 상황이란다. 집을 떠나 세계적으로 보호를 받는 우크라이나 피난민의 수는 600만 명을 넘어섰단다(2023 유엔난민기구 동향 보고서). 오갈 데 없는 이들을 위해 최소 37개 국가가 난민 수용에 나섰고, 가장 많은 우크라이나 난민을 받아들인 나라는 폴란드란다.

아이들과 나잘나 박사의 대화를 옆에서 듣고 있던 차이안이 덧붙여 말했다.

"가족을 만나고 싶어요. 하지만 나는 집으로 돌아가면 죽을 수도 있어요. 우리 부모랑 형제들이 모두 보고 싶어요."

"어째서 자기네 나라에 돌아가고 싶어도 갈 수가 없는 거예요?"

차이안의 말을 듣고서 흥분한 영철이가 물었다. 나잘나 박사가 대신 대답했다.

"아무리 전쟁 때문에 어쩔 수 없이 외국으로 나갔더라도, 그 사람들은 외국에서 생각보다 그렇게 관대한 대접을 받지는 못한단다. 보호받지 못한다는 게 그런 거지. 난민으로 인정받더라도, 조국으로 돌아가면 죽을 수도 있어서 가 보지도 못하는 신세가 되는 거지."

영철이, 민준이, 혜인이가 한마디씩 했다. 마음이 여린 혜인이의 눈에는 눈물이 그렁그렁했다.

"어떻게 그럴 수가 있죠? 이러지도 저러지도 못하잖아요."

"전쟁은 국가에서 마음대로 일으켜 놓고, 국민들은 보호도 받지 못하네요. 너무 억울한 것 같아요."

"난민으로 인정받아도 어렵고 힘든 것 같아요."

마지막으로 차이안이 아이들에게 고개 숙여 인사했다.

"우크라이나에 관심을 가져 줘서 고마워요. 전쟁은 절대 일어나면 안 된다는 거 잊지 말아 줘요."

돌아오는 차 안에서 아이들은 말이 없었다. 짧은 시간이었지만 차이안을 통해 전쟁이 왜 비극이고 위험한지 느꼈기 때문이다.

나잘나 박사가 아이들을 향해 조심스럽게 물었다.

"얘들아, 전쟁에 관심을 갖게 되었으니, 내 친구도 한번 만나보지 않을래?"

"아저씨 친구요?"

영철이가 먼저 물었다. 그때 쌍둥이가 누군가 생각났다는 표정으로 동시에 외쳤다.

"왕 박사님?"

"맞아. 너희들끼리 전쟁 관심 동아리를 꾸려서, 궁금한 것들을 모아 전문가에게 물어보는 건 어떨까?"

"전쟁 관심 동아리요? 그게 뭔데요?"

이번에도 영철이가 먼저 물었다.

"전쟁에 대해 계속 관심을 갖자는 의미란다."

나잘나 박사의 말에 아이들은 일제히 소리쳤다.

"좋아요."

며칠 후, 왕 박사를 만나기로 한 토요일이다. 나잘나 박사가 운전하는 자동차가 연구소에 다다랐다.

"얘들아, 다 왔다. 여기가 왕 박사 연구소란다."

왕 박사가 나잘나 박사를 보자마자 반갑게 인사했다. 그리고 아이들을 향해 활짝 웃으며 말했다.

"얘들아, 안녕! 우리 연구소에서 온 것을 환영해요."

왕 박사는 키는 작았지만, 온화한 인상에 말투가 꽤 화통했다. 세미와 재원이도 왕 박사에게 고개 숙여 인사했다.

"안녕하세요, 왕 박사님. 얼마 전에 뉴스에서 봤어요."

"왕 박사님, 실물이 훨씬 멋진 것 같아요."

왕 박사가 활짝 웃으며 말했다.

"뉴스를 봤다니 쑥스럽구나. 너희가 '전쟁 관심 동아리'를 꾸렸다는 말을 들었단다."

왕 박사의 말에 세미가 대표로 전했다.

"동아리 이름은 '노노워워'라고 지었어요. 전쟁은 안 된다는 의미예요."

"노노워워라고? 언제 따로 이름까지 지었어?"

옆에서 나잘나 박사가 웃으며 물었다. 왕 박사가 온화한 미소를 지으며 대꾸했다.

"이름 한번 잘 지었구나. 너희 같은 친구들이 주위에 많으면 안심이 될 것 같구나."

9 무기 개발은 이제 그만!

"너희들에게 먼저 보여 줄 영상이 하나 있단다. 전쟁에 쓰이는 무기 중 하나란다. 바로 드론이지."

왕 박사가 동영상을 준비하며 말했다.

"드론이 무기로 사용된다고요? 방과 후 수업에서 배웠는데…."

깜짝 놀란 재원이의 말에 영철이와 민준이도 알은척을 했다.

"이론 수업도 하고 모의 비행도 하면서, 가벼운 장애물을 통과해 날려 보기도 했어요. 재미있었어요."

"그때 선생님께서 드론이 여러 곳에 쓰인다고 했던 말씀이 기억나요."

아이들의 말에 왕 박사가 한 마디 덧붙였다.

"드론이 디지털 사회와 4차 산업 교육에 반드시 필요한 건 맞단다. 너희들이 신나게 즐기는 그 드론이 전쟁에서 얼마나 무섭

게 쓰이는지 보고 나면 깜짝 놀랄 것 같구나."

아이들은 왕 박사가 보여 주는 영상을 집중해서 보았다.

러시아에 점령된 우크라이나 크림반도 상공에서 러시아 헬리콥터가 우크라이나 드론을 쫓았다. 드론은 헬리콥터의 추격을 요리조리 피하더니 헬리콥터를 따돌려 버렸다.

이어지는 영상에서는 드론 한 대가 정유 시설에 가까이 다가가자 '펑' 하며 불기둥이 솟아올랐다. 화염은 새까만 연기로 바뀌어 피어올랐다.

팔레스타인 가자지구 북부 자발리야에서는 학교가 드론 공격을 받았다. 이 공격으로 어린이를 포함해 10명 이상이 숨졌으며, 피난민들이 생겼다.

영상을 보던 아이들은 깜짝 놀라 소리를 질렀다. 세미와 재원이가 한마디씩 했다.

"전쟁에서 드론이 저렇게 쓰인다고요?"

"드론이 이렇게 무서운 줄은 몰랐어요."

왕 박사가 아이들을 바라보며 설명했다.

"지금 본 영상은 다 실제 일어났던 일이란다. 우크라이나군은 우크라이나 11개 지역에서 러시아가 발사한 31대 드론 중 30대를 격추했지. 그뿐만 아니라 우크라이나군도 매달 드론을 1만 대씩 사용하고 있단다."

"1만 대요?"

아이들이 입을 벌려 합창하듯 똑같이 물었다.

나잘나 박사의 한마디

러시아-우크라이나 전쟁은 역사상 첫 드론 전쟁이라 불린단다. 러시아와 우크라이나는 드론을 이용해 주요 시설물 등을 공격하고 있지. 인류의 편의를 위해 사용되던 드론이 다양한 무기를 실어 나르는 살상용 무기로 이용되고 있단다. 점점 증가하는 무기화된 드론의 위협은 전 세계에서 심각한 위험으로 떠오르고 있지.

"어마어마한 숫자지? 우크라이나와 러시아 간의 전쟁에서 드론이 무기로 활용되면서, 우리에게 새로운 미래 전쟁의 예고편이 펼쳐졌다고 말들을 한단다. 이제는 직접 전투를 벌이기보다 드론을 이용해 전쟁의 흐름을 바꾸는 거지."

말을 마친 왕 박사는 또다시 아이들에게 물었다.

"또 하나 위험한 무기가 있는데, 무엇일까? 이건 너희도 잘 아는 거란다."

아이들은 서로 눈을 마주쳤다. 세미가 손을 번쩍 들고 말했다.

"핵무기요!"

"그래, 역시 잘 아는구나. 요즘 뉴스에 많이 나오지? 우리가 잘 아는 원자 폭탄도 핵무기란다. 제2차 세계 대전의 막바지에 일본의 히로시마와 나가사키에 떨어졌던 원자 폭탄으로 두 도시는 지옥이 되었단다. 사망자는 20만 명이 넘었는데, 대부분 군인이 아닌 민간인들이었지. 참 잔인한 무기란다."

"전쟁은 민간인들이 많이 희생당하는 것 같아요."

혜인이가 슬픈 표정을 지으며 말했다.

"맞는 말이야. 일본이 저지른 만행을 용서할 수는 없지만, 미국이 행한 원자 폭탄 공격 역시 인류 역사에서 절대 있어서는 안 되는 일이었단다."

세미가 고개를 갸우뚱하고는 물었다.

"박사님, 그렇게 위험한 핵무기 같은 건 그만 만들면 안 되는 건가요?"

"전 세계적으로 힘이 센 나라들은 가지고 있는 핵무기를 포기하지 않으려 하지. 그러고는 더 이상 핵무기를 실험하거나 가지는 나라가 없도록 국제적인 약속을 만들었단다. 하지만 핵무기를 실험하고 개발한 나라가 생겼지. 인도와 파키스탄, 이스라엘이야. 여기에 북한도 핵무기를 개발한 나라가 되었단다."

"북한은 전 세계가 다 반대하는데 왜 그렇게 핵무기를 만들려고 할까요?"

재원이가 왕 박사에게 도대체 알 수 없다는 표정으로 물었다.

"여러 이유가 있겠지만 가장 큰 이유는 독재 권력을 유지하기 위해서란다. 그리고 국제 사회에서 영향력을 행사하고 싶어서기도 하지. 어떤 나라도 핵무기를 개발해서는 안 된다고 약속한 국제적인 약속을 어겼기 때문에 북한의 핵 개발은 비난받는 거란다."

"약속을 어긴 건 잘못이지요."

"물론이지. 핵무기는 죄 없는 사람들의 목숨을 한꺼번에 빼앗을 수 있는 진짜 무서운 무기란다."

세미와 재원이가 주먹을 불끈 쥐며 말했다.

"박사님, 한반도의 평화를 위해서 핵무기는 없어져야 해요."

"맞아요. 사람들이 핵무기를 그만 만들었으면 좋겠어요."

혜인이도 한마디 거들었다.

"박사님, 저는 평화로운 세상에서 살고 싶어요. 사람들이 고통받는 전쟁은 영원히 사라졌으면 좋겠어요."

왕 박사가 쓴웃음을 지으며 말했다.

나잘나 박사의 한마디

핵무기는 그 자체로 인류와 지구에 매우 심각한 위협을 가할 수 있어. 더구나 한 번 사용되면 되돌릴 수 없는 결과를 낳기 때문에 그 심각도는 말로 표현할 수 없을 정도야. 국제 사회는 핵무기 사용 방지를 위해 서로 끊임없는 노력을 해야 한단다.

"너희들 말이 모두 맞단다. 중요한 건 대한민국과 북한의 지도자들이 정상 회담을 통해 한반도를 핵무기와 핵 위협이 없는 곳으로 만들기로 약속해야 해. 약속한 다음에는 잘 지키는 게 중요하겠지?"

그때 세미가 아이들에게 새끼손가락을 내밀었다.

"약속은 어릴 때부터 잘 지키는 습관을 가져야 해. 우리라도 전쟁을 반대한다고 약속하자."

다른 아이들도 새끼손가락을 걸었다.

"친구들한테도 폭력은 잘못된 거라고 하고, 전쟁이 왜 비극인지 계속 알리자. 그게 제일 중요한 것 같아."

영철이의 말에 아이들이 박수를 쳤다. 평소 장난도 잘 치고 시비도 잘 거는 영철이의 생각이 달라져 놀라웠다.

그때 나잘나 박사가 친구 왕 박사에게 말했다.

"전쟁 난민들에게 구호 물품을 보내 주는 일 말이야. 지금도 여전히 하고 있나?"

"아하, 지난번에 자네 연구소에서 구호 물품을 많이 보내 줘 고맙게 생각해. 물론 아직 하고 있다네."

혜인이가 물었다.

"박사님, 구호 물품은 어떻게 보내요?"

"우크라이나를 지원해 주는 공동대책위원회가 있단다. 우크라이나 피난민들을 위해 관할 구역 내 관공서, 기업, 학교, 여러 단체 및 연구소에서도 구호 물품을 모집해서 대사관을 통해 보내 주고 있지. 그럼 마지막으로 준비한 동영상을 볼까?"

왕 박사가 동영상 하나를 더 보여 주었다. 우크라이나 시민들이 한국에서 보내 온 구호 물품을 받고 기뻐하는 모습이었다. 옷과 라면, 치약과 칫솔 등 여러 가지 물품들이 많았다.

아이들은 가슴이 먹먹해졌다. 며칠 전에 만났던 차이안을 떠올렸다. 나잘나 박사가 아이들을 향해 부드럽게 말했다.

"전쟁은 사람을 힘들고 지치게 만드는 싸움이지만, 나라를 지키기 위해 떠나지 않고 어렵게 살아가는 사람들도 많이 있단다. 그 사람들에게는 누군가 자신들을 기억해 준다는 것만으로도 희망적인 소식이 될 거야."

왕 박사가 흐뭇하게 웃으며 자리를 마무리했다.

"한국에서는 이사하는 날 점심으로 자장면을 먹지? 그런데 우크라이나에서 컨테이너로 구호 물품들을 나르고 나서, 식사로 자장라면을 먹더구나. 왠지 익숙해 참 인상적이었단다."

세미가 손가락으로 딱 소리를 내더니 말했다.

"집에 가서 구호 물품을 찾아볼래."

재원이가 덧붙였다.

"난 우리 반 아이들에게 가서 같이 하자고 말할 거야."

민준이, 영철이, 혜인이 모두 그렇게 하겠다고 약속했다. 나잘나 박사가 활짝 웃으며 말했다.

"전쟁에 대해 자세히 알고 나니까 배고프지 않니? 우리도 오늘 자장면이나 먹을까?"

"와! 좋아요."

아이들은 침을 꿀꺽 삼키며, 큰 소리로 대답했다.

며칠이 지났다. 아이들은 틈만 나면 모여 앉아 머리를 맞대고 전쟁에 대한 이야기를 나누었다. 세미가 말했다.

"난 연구소에서 봤던 동영상이 자꾸 떠올라 잠이 오지 않았어."

혜인이와 민준이가 차례대로 대꾸했다.

"아이들이 너무 불쌍했어. 전쟁이 얼마나 끔찍한지 생각만 해도 힘들어."

"난 드론이 폭발하는 모습이 너무 무서웠어. 무기를 자꾸 개발하는 어른들이 너무 원망스러워."

그때 영철이가 좋은 생각을 떠올렸다.

"얘들아, 우리 동아리를 학교 동아리로 만들어 전쟁의 위험성을 계속 알리는 게 어때? 우린 전쟁 관심 동아리, '노노워워'니까."

"좋아. 우리가 할 수 있는 것부터 찾아보자."

"그럼, 우리 수업 끝나고 모여서 정식으로 시작해 볼까?"

"좋아!"

"좋아."

세미와 재원이, 민준이, 혜인이가 차례대로 각자 손바닥을 하나씩 내밀어 구호를 외쳤다.

"전쟁은 안 돼! 노노워워."

우리 함께 평화로운 지구에서 살아요!
전쟁이 일어나지 않도록 어린이가 할 수 있는 일!

1 **다양성을 존중하자** – 다른 사람들의 문화, 종교, 인종, 배경을 존중하는 태도를 기른다.

2 **갈등 해결 방법을 배우자** – 갈등이 생겼을 때 폭력 대신 대화와 타협을 통해 문제를 해결하는 법을 배운다.

3 **평화 교육에 참여하자** – 학교나 지역 사회에서 제공하는 평화 교육 프로그램에 참여해 전쟁의 원인과 평화의 중요성에 대해 배운다.

4 **역사와 국제 문제를 이해하자** – 전쟁의 역사와 현재의 국제 문제에 대해 배우며, 왜 전쟁이 발생하는지 그리고 어떻게 피할 수 있는지 이해한다.

5 지역 사회에 봉사하자 – 봉사 활동을 통해 다른 사람들을 돕고, 공동체의 연대감을 키운다.

6 가족과 대화를 나누자 – 가족과 함께 전쟁과 평화에 대해 이야기를 나눈다.

7 세계 소식에 관심을 갖자 – 뉴스를 통해 세계에서 일어나고 있는 일들에 관심을 가지고, 글로벌 시민으로서의 책임감을 느낀다.

8 국제 교류 프로그램에 참여하자 – 국제 교류 프로그램에 참여하여 다른 나라의 친구들을 만나고, 문화적 이해와 글로벌 의식을 키운다.

초판 발행 2025년 2월 13일
초판 인쇄 2025년 2월 3일

글 백은하 | 그림 이한울

펴낸이 안경란
펴낸곳 새를기다리는숲(파란정원)
출판등록 제2019-000069호
주소 서울특별시 은평구 가좌로 175, 5층
전화 02-6925-1628 | **팩스** 02-723-1629
제조국 대한민국 | **사용연령** 8세 이상 어린이
홈페이지 www.bluegarden.kr | **전자우편** eatingbooks@naver.com
종이 다올페이퍼 | **인쇄** 조일문화인쇄사 | **제본** 경문제책사

글ⓒ2025 백은하 | 그림ⓒ2025 이한울
ISBN 979-11-972235-6-3 73340